The Essential Russian Овать Verbs

For Third Year Students

Alexander B. Camp

Table of Contents

Foreword

This compilation of many verbs was completed mostly for students with a prior knowledge and understanding of Russian. In short, this book is not for beginners.

The main purpose in creating this book is to provide students, both Russian and English speaking, with a solid companion of important words to learn upon reaching a third-year level. Therefore, it is expected that those who read and study the words within this text will already read, write, and speak Russian proficiently. For this reason, there are no exercises on the declensions of nouns, the conjugation of other verbs, the use of cases, the use of numerals, verbs of motion, etc.. This book is wholly dedicated to help students learn a specific type of verb that conjugates in a fairly simple way.

I hope that by reading this short book, you will find that I have done most of the heavy lifting for you. Instead of spending hours listening to Russian conversation (which should be done anyway) and wondering which verbs of this type should be memorized, one can simply learn these important verbs that I have compiled. I spent around three years looking through dictionaries, consulting with a few native speakers, listening to Russian podcasts, and watching Russian YouTube channels in order to get a good idea regarding which verbs are actually useful to learn.

Verbs With Овать

Firstly, most verbs which end in -Овать have present and future tense stems in y and no stress on the ending, e.g., Блефовать (to bluff; stem Блефу́ю).

	рис**овать** (1)	танц**евать** (1)
Present tense		
я	рис**у**-ю	танц**у**-ю
ты	рис**у**-ешь	танц**у**-ешь
он, она	рис**у**-ет	танц**у**-ет
мы	рис**у**-ем	танц**у**-ем
вы	рис**у**-ете	танц**у**-ете
они	рис**у**-ют	танц**у**-ют
Past tense		
он	рис**ова**-л	танц**ева**-л
она	рис**ова**-ла	танц**ева**-ла
оно	рис**ова**-ло	танц**ева**-ло
они	рис**ова** -ли	танц**ева** -ли

Lastly, you should know that Russians often will make up verbs on the fly that are not found in a Russian dictionary, but are, nonetheless, -Овать verbs. For this reason, it can be difficult both to know whether you should learn this new on-the-fly verb and what the verb means. Luckily, many of these verbs are cognates, so the meanings can be derived from the context and phonology of the verbs. Words outlined in red are particularly common.

Common Use Verbs

Аргументировать	To argue a point or position.	Важно эффективно **аргументировать** свою позицию по важным вопросам. *It is important to effectively argue your position on different questions.*
Гастролировать	To tour (music)	Бон Джови в этом году **гастролируют** <u>по</u> Европе. *Bon Jovi is touring Europe this year.*
Доминировать	To prevail or dominate over something or someone. (+instr.)	В политике, как и в боксе, необходимо **доминировать** <u>над</u> своими оппонентами. *In politics, like in boxing, it is paramount to dominate your opponents.*
Тосковать	To pine for; to yearn for. (По + dat.)	Когда **тоскуешь** <u>по</u> дому, позвони родным или просто подумай о них. *When you pine for home, call your family or simply think about them.*

Ликвидировать	To eliminate or liquidate.	Стоит как можно быстрее **ликвидировать** запасы оружия во время перемирия. *It is worth it to immediately liquidate weapon reserves during armistice.*
Нищенствовать	To beg.	Многие люди в бедных странах вынуждены **нищенствовать** на улице. *Many people in poor countries are forced to beg on the street.*
Соболезновать	To give condolences. (+instr.)	Не стоит **соболезновать** тем, кто сам портит свою жизнь. *It is not worth feeling sorry for him who ruins his own life.*
Блефовать	To bluff.	Тебе покер играть не стоит поскольку не умеешь **блефовать**. *It is not worth it to you to play poker since you cannot bluff.*

Нормировать	To normalize.	В Советском Союзе, все получали **нормированную** порцию хлеба. *In the Soviet Union, everyone received a normalized portion of bred.*
Рифмовать	To rhyme.	Эти слова не **рифмуются** в песне. *These words do not rhyme in the song.*
Ознаменовать	To signify or mark. To usher in.	Мы надеемся что это **ознаменует** новой период беспрецедентного преуспевания. *We hope that this will signify a new period of unprecedented prosperity.*
Негодовать	To resent; to become indignant (На+ acc.)	Публика **негодовала** об оглашенных изменениях в налогоплатежной системе. *The public became indignant over the*

Арестовывать/Арестовать	To arrest.	На каком основании вы можете меня **арестовать**? *On what ground can you arrest me?*
Баловать	To spoil; to pamper; to indulge.	Когда стану бабушкой, конечно, буду **баловать** своих внучок. *When I become a grandma of course I will spoil my grandchildren.*
Бездействовать	To do nothing; to stand idly by.	Преданность к нашей родине не означает что мы должны **бездействовать** при явлении международного зла. *The devotion to our homeland does not mean that we should stand idly by upon the appearance of international evil.*
Рационилизиоровать	To rationalize.	Раскольников совершил преступления, **рационализируя** свою бессовестность. *Raskolnikov committed a crime, rationalizing his lack of*

conscience.

Рационировать	To ration.	Мы должны **рационировать** то, что у нас осталось. *We should ration that which we have left.*
Критиковать	To criticize (+dat.)	Люди должны иметь возможность **критиковать** действиям правительство. *People should have the opportunity to criticize the actions of the government.*
Аплодировать	To applaud.	Люди будут **аплодировать**, услышав Ваше имя. *People should applaud upon hearing your name.*
Комментировать	To comment on.	Мы попросили президента **прокомментировать** печальные события двух прошлых дней. *We asked the president to comment on the sad events of the last two days.*

Тусоваться	To party.	Мы пришли не ради того, чтобы **тусоваться**. *We came not just to party.*
Оборудовать	To outfit; to equip or be equipped.	В наши дни каждая машина **оборудуется** кондиционером. *In our day, every car is equipped with an air conditioner.*
Пробовать/Попробовать	To try out.	Если вы называете ресторан своим любимым, вы непременно должны **попробовать** каждое блюдо в меню. *If you call a certain restaurant your favorite, then you should have tried every meal on the menu.*
Жонглировать	(+instr.) To juggle.	Умелые клоуны непременно должны уметь **жонглировать** разными предметами одновременно.

Clowns should certainly know how to juggle different items at the same time.

Эксплуатировать	To exploit.	Мы не должны поощрять компании, которые **эксплуатируют** детский труд. *We should not support companies which exploit child labor.*
Деградировать	To degrade.	Проводить время с ним только **деградирует** меня. *To spend time with him only degrades me.*
Утрировать	To exaggerate.	Большинство семейных сор происходит из-за того, что люди часто **утрируют** слова других людей. *The majority of family arguments occur because people often exaggerate the words of others.*
Парализовать	To paralyze; to be	Некоторые виды химического оружия способны **парализовать**

Russian	English	Example
	paralyzed.	целые города. *A few views of chemical weapons are able to paralyze all of the cities.*
Орудовать	To wield (+instr.)	Миллионы лет назад, предки человека начали **орудовать** камнями и ветками деревьев. *A million years ago, previous people started to wield stones and branches of trees.*
Заведовать (instr)	To manage or supervise (+instr.).	С тех пор как Ольга Михайловна начала **заведовать** заводом, производительность повысилась на 15%. *From the time that Olga Mikhailovna started to manage the factory, industrial output rose by 15%.*
(С)провоцировать	To incite. To instigate or provoke.	Повышение температуры может **спровоцировать** изменение в исходе химической реакции. *The increase in temperature can incite a change in the outcome of chemical reactions.*

Иллюстрировать	To illustrate.	Хороший лектор знает, как важно **проиллюстрировать** теории примерами из реальной жизни. *A good lecturer know how important it is to illustrate theories with examples from real life.*
Демонстрировать	To demonstrate.	Майкрософт ищет студентов ВУЗов, которые **демонстрируют** высокий уровень навыков программирования. *Microsoft is searching for students of higher learning who demonstrate a high level of skill programming.*
Импонировать (dat)	To impress or to appeal (to) (+dat.)	В этой связи мне очень **импонирует** идея модернизации. *In this way, the idea of modernization really impresses on me.*

Акклиматизироваться	To acclimate to; to adjust to; to adapt to. (К+dat.).	Когда в чужой стране, сложно **акклиматизировать ся** к новой обстановке. *When in a foreign country, it is difficult to acclimate to the new setting.*
Адаптировать	To adapt, customize.	Индия стремится **адаптировать** МСФО к экономическим реалиям страны. *India is striving to adapt* МСФО *to economic realities of the country.*
Ориентировать(ся)	To orient; to be oriented; to navigate.	Если хотите делать что-то другой, тогда мы с этим **сориентируемся**. *If you want to do something different, then we will navigate with it.*
Бомжевать	To be a vagabond or bum on the street.	Нельзя тебе проста **бомжевать** на улице. *It is forbidden to you to simply be a bum on the street.*

Праздновать/Отпраздновать	To celebrate.	Сегодня это наш день независимости, и **отпразднуем** всю ночь. *Today this is our day of independence, and we will celebrate all night.*
Препятствовать	To hinder, to be an obstacle. (+dat.)	Что нам **препятствует** на пути к успеху? *What hinders us on the path to success?*
Пробовать/Попробовать	To try; to taste or sample.	Тебе обязательно нужно **попробовать** этот вкусное блюдо. *It is imperative for you to try this tasty dish.*
Таксовать	To work as a taxi driver.	Он **таксует** и плохо зарабатывает. *He works as a taxi driver poorly makes a living.*
Ликовать	To rejoice or be elated.	Твои слова заставили моё сердце **ликовать.** *Your words force my heart to rejoice.*

		Я экспериментирую с этой печкой чтобы улучшать время на выпечку.
Эксперементировать	To experiment with. (с+instr.).	*I am experimenting with this oven in order to improve the baking time.*
		Нам придется **довольствоваться** тем, что у нас есть пока.
Довольствоваться	To be content with. To settle with. To make do with. (instr.)	*We will have to be content with that which we have for now.*
		Я могу **копировать** все эти файлы и потом прислать их тебе.
Копировать/скопировать	To copy.	*I can copy all these files and later sent them to you.*
		Мне пришлось **имповизировать** урок.
Импровизировать	To improvise.	*I had to improvise the lesson.*

Дублировать	To duplicate or make a direct copy of.	Он постарался **дублировать** свой успех на международном уровне. *He tried to duplicate his success on a international scale.*
Квалифицировать	To qualify; to categorize.	Те люди, которые переводят в отраслях правительства очень **квалифицированы**. *Those people who translate in branches of the government are very qualified.*
Манипулировать	To manipulate. (+instr.)	Моя жена мной **манипулировала** чтобы, я посуду помыл. *My wife manipulated me to do the dishes.*
Командовать	To command; to be in charge of (+instr.).	В армии полковница **командует** всеми армейскими женщинами. *In the army the woman colonel commands all of the army women.*
Жаловаться/Пожаловаться	To complain.	Я вообще не склонен к тому, чтобы

	(На + nom.).	**жаловаться** на все. *I am, in general, not inclined to complain about everything.*
Девалировать	To devalue.	Резервный банк рекомендовал Малдуну **девальвировать** доллар. *The reserve bank recommends Muldoon that the dollar should be devalued.*
Рисковать/Рискнуть	To risk.	Если это опасно гулять в том районе, тогда зачем **рисковать**? *If this is dangerous to go for a walk in that region, then why risk it?*
Приветствовать	To welcome.	Привет друзья. Я рад всех вас **приветствовать** на эту конференцию. *Hello friends. I am glad to welcome you all to this conference.*
Здороваться/Поздороваться	To greet, to say hello. (С+instr.).	Решила заехать, **поздороваться** с дочкой.

		say hello to my daughter.
Арендовать	To rent.	Два дня назад он использовал фальшивку, чтобы **арендовать** машину. *Two days ago he used a fake ID in order to rent a car.*
Ремонтировать/Отремонировать	To renovate, service, or repair.	Знаете, мне пришлось **ремонтировать** нашу видеокамеру. *You know, I had to renovate our video camera.*
Характеризировать(ся)	To characterize (by). (+instr.)	Новый международный порядок должен **характеризоваться** сотрудничеством. *New international order should be characterized by cooperation.*
Ассоциировать(ся)	To associate with. (С+instr.).	Я начинаю **ассоциировать** тебя с плохими новостями. *I started to associate you with bad news.*

Претендовать	To qualify (for) or aspire. To claim.	В этом году фильм "Черная Пантера" **претендует** на десяти оскаров. *This year, the film "Black Panther" is competing for ten academy awards.*
Фигурировать	To feature or to be included.	Твои данные и адрес не будут **фигурировать** в деле. *You data and address will not be featured in this.*
Способствовать	To assist or facilitate. (+dat.).	**Способствовать** профессиональному развитию гештальт терапии в Латвии. *To assist the professional development of Gestalt therapy in Latvia.*
Практиковаться	To practice.	В этой машине хорошо **практиковаться** если вы новичок. *In this car, its good to practice if you are a beginner.*
Репетировать	To	Я вернусь, когда ты

		rehearse.	будешь готов **репетировать**.
			I will return when you will be ready to rehearse.
			Доктор и Мастер пытаются **апеллировать** к Азалу, но по разным причинам.
Апелировать	To appeal (to). (К+dat/acc.)		*The Doctor and the master are trying to appeal to Azal, but for different reasons.*
			Второй. Ни в коем случае не **цитировать** «Нью-Йорк Таймс».
Цитировать	To cite.		*Secondly. Under no circumstances do not cite "The New York Times."*
			Редактировать текст названий можно прямо в документе.
Редактировать	To edit.		*To edit the test of names, you can do this straight in the document.*
Ходатайствовать	To		Заключенный

	intercede for.	может **ходатайствовать** перед Судом о принятии решения согласно пункту 2. *A prisoner can intercede before a judge over the accepted decision according to point 2.*
Участвовать/Поучаствовать	To participate (in). (В + prepositional).	Тогда я буду рада **поучаствовать** в твоей работе. *Then I will be glad to participate in your work.*
Планировать/Запланировать	To plan.	А потом, когда будем готовы, **запланировать** свадьбу века. *Then later, when you are ready, we can plan the wedding of the century.*
Беседовать	To chat.	Скажи ей, что нам уже не нужно с ней **беседовать**.

Tell her that we do not need to chat with her.

Вас должна **волновать** судьба владельца этого телефона.

Волновать — To agitate.

The fate of the owner of this telephone should agitate you.

Сейчас фильм "Черная пантера" **номинируется** на десять оскаров.

Номинировать — To nominate.

Right now the film "Black Panther" is nominated for ten academy awards.

Комиссия хотела бы **сформулировать** вторую серию рекомендаций.

Формулировать/Сфомулировать — To formulate.

The commission would like to formulate a second round of recommendations.

Советовать	To advise. (+dat.)	**Не могу советовать** тебе идти туда самому. *I cannot advise you yourself to go there.*
Путешествовать	To travel or journey.	**Путешествовать** полезно, это заставляет работать над воображением. *To travel is beneficial, it forces one to work on the imagination.*
Организовывать/организовать	To organize.	Чтобы **организовать** такую истерику, нужно потратить миллионы. *In order to organize these hysterics, it is needed to spend millions.*
Рекомендовать/Отрекомендовать	To recommend. (+dat.).	**Рекомендовать** правительству как можно скорее опубликовать график проведения выборов.

To recommend the government to publicize a schedule of carrying out of the decisions.

Модернизиорвать	To modernize.	В то же время они продолжают **модернизировать** свое оружие во имя национальной безопасности. *In that time, the continued to modernize their arms in the name of national security.*
Изолировать	To isolate.	Сейчас как никогда мы должны **изолировать** себя. *Now, like never before, we should isolate ourselves.*
Регистрировать(ся)/За	To register.	Необходимо **регистрировать** каждого задержанного, если возможно, в централизованном порядке. *It is necessary to register every held*

person, if possible, in centralized order.

Иммобилизировать	To immobilize.	Французским войскам, таким образом, **иммобилизиров анным** на Рейне, было трудно помогать Чехословакии. *For the France battalions immobilized on Rhein, it was difficult to help Czechoslovakia.*
Бунтовать	To riot.	Как ты смеешь **бунтовать** против короля? *How do you know how to riot against the king?*
Враждовать	To antagonize or feud with. (instr. + с)	Не **враждовать** с другими дилерами сети? *Do not feud with other site dealers.*
Жертвовать	To sacrifice. (+instr.).	Но нельзя **жертвовать** ради этого сундуком. *But you cannot*

sacrifice this chest for the sake of this.

Консервировать	To conserve, to can, to cure in jars.	Тебе надо отрастить бороду и начать **консервировать** огурцы? *You need to grow out your beard and start to can pickles.*
Любопытсвовать	To be curious.	И если люди начнут **любопытствовать**, то нам конец. *And if people start to get curious, then that's the end for us.*
Модифицировать	To modify.	**Модифицировать** файлы данных было плохой идеей. *To modify files of this data was a bad idea.*
Председательствовать	To preside.	Председатель, избираемый для регулярного процесса, будет также **председательствовать** и в бюро. *The leading official, selected for regular*

process, will also preside in the bureau.

Проповедовать	To preach.	Я пойду, буду **проповедовать** учение по пути. *I'm going, I will be preaching the teachings on the road.*
Реконструрировать	To reconstruct.	Этот парень пытается **реконструировать** его версию идеальной семьи. *This guy is attempting to reconstruct his version of an ideal family.*
Ратифицировать	To ratify.	**Ратифицировать** Факультативный протокол к Конвенции против пыток, как было рекомендовано. *Ratifying facultative protocol for the convention against torture as was recommended.*

Синхронизировать	To synchronize.	Нам придется обновить компьютерную систему участка, прежде чем мы сможем **синхронизировать** данные с высокотехнологичным оборудованием. *We will have to update the computer system, before we can synchronize the data with the higher-technological equipment.*
Спекулировать	To speculate.	Можно **спекулировать** на падении некоторых европейских валют. *You can speculate on the fall of a few European currencies.*
Стабилизировать	To stabilize.	Мы ещё пытаемся **стабилизировать** состояние ребёнка. *We still are attempting to stabilize the condition of the*

child.

Существовать	To exist.	Старшие Партнеры всегда будут **Существовать** в той или иной форме, потому что человечество слабо. *Older partners always will exist in this form or another because mankind is weak.*
Флиртовать	To flirt. (C+instr.)	Ты сам начал **флиртовать** с моей бывшей соседкой. *You yourself started to flirt will my previous neighbor.*
Чередовать	To alternate.	50 на 50, каждый вечер будем **чередовать**, кто из вас закрывает шоу. *Fifty out of fifty, every evening we will be alternating which of you closes the show.*
Шествовать	To parade or stride.	**Шествовать** в кругу на вершине холма. *To parade in a circle on the top of the hill.*

Ночевать/переночевать	To spend the night.	Она ему помогала, пустила его **переночевать** на диване. *She helps him, lets him spend the night on the couch.*
Штамповать	To stamp or churn out.	Я больше не могу **штамповать** эту бессмысленную чушь. *I cannot continue to stamp this mindless drivel.*
Гарантировать	To guarantee. (+dat.)	**Гарантировать** их наличие было бы невозможно. *To guarantee their presence would not be possible.*
Эволюционировать	To evolve.	Человечество всегда будет защищать себя, чтобы **эволюционировать**. *Mankind always will be protecting itself in order to evolve.*

Отсутствовать	To be absent.	Ты не можешь **отсутствовать** все время. *You cannot be absent all of the time.*
Присутствовать	To be present.	Сегодня весь день среди нас будет **присутствовать** специалист. *Today, the whole day, the specialist will be present among us.*
Американизировать	To Americanize.	Следует прекратить попытки ассимилировать и **американизировать** народ. *It is needed to cease the attempts to acclimate and Americanize the people.*
Диктовать	To dictate (to someone). (dat.)	Я не собираюсь позволить лидеру **диктовать** мне, что преподавать в классе. *I am not preparing to allow the leader to dictate to me what to teach in class.*
Взаймодействовать	To interact. (с +instr.)	Как видите, я могу с

ним **взаимодействовать**.

As you can see, I can interact with him.

Использовать	To use.	**Использовать** оружие в такой драке нечестно. *To use weapons in this fight is not fair.*
Пользоваться/ Воспользоваться	To make use of. To benefit from. (+instr.)	**Пользоваться** инвалидным креслом... необходимо в течение двух месяцев. *To make use of the disabled-persons chairs is necessary during two months.*
Фантазировать	To fantasize.	Не могу **фантазировать** о своем парне и его большом будущем? *I cannot fantasize about my boyfriend and his great future?*
Соответствовать(ся)	(+dat) To be in accordance with; To comply with; conform to	Представление должно **соответствовать** установленным Комиссией

требованиям.

*The presentation should
be in accordance with
the established demands
by the commission.*

Анализировать,
изучать и знать
различные
положения
Конвенции.

Анализировать | To analyze. | *To analyze, study, and
know the various
positions of the
convention.*

Но **шокировать**
людей не весело, это
просто подло.

Шокировать | To shock. | *But to shock people is
not fun, it's just mean.*

Консультировать
президента по
выполнению
политики в области
прав человека и
коррупции.

Консультировать(ся) | To consult with
or to consult.
(instr. + c). | *To consult the president
over the fulfilling of
politics in the region of
rights of man and
corruption.*

Артикулировать | To articulate. | Форма здесь не
только для того,
чтобы просто
выразить,

артикулировать содержание.

The form here is not only in order to simply express, articulate the contents.

		Ну, я не могу позволить личной угрозе **конфликтовать** с кейнсианской "экономикой".
Конфликтовать	To conflict with. (C + instr.).	
		Well, I cannot allow personal threat the conflict with Keynesian "economics".
		Игнорировать это было бы преступлением и самоубийством.
Игнорировать	To ignore.	
		To ignore would be a crime and suicide.
		Болезнь Паркинсона имеет тенденцию **прогрессировать** здесь немного быстрее.
Прогрессировать	To progress.	
		The Parkinson's disease has the tendency the progress here a little faster.

Идентифицировать	To identify.	Перед началом серьезных переговоров следует **идентифицировать** соответствующую проблематику. *Before the beginning of serious negotiations, it is necessary to identify the attendant problems.*
Господьствовать	To dominate or prevail over. (instr + **Над**)	Оно должно **господствовать** над каждым разговором. *It should dominate over every conversation.*
Исповедовать(ся)	To confess before (sin): reflexive. To profess (religion, opinion).	Если хотите, нам необходимо **исповедовать** философию взаимопонимания и доверия. *If you want, it is paramount for us to confess the philosophies of mutual understanding and trust.*
Поляризовать	To polarize.	Иногда одна угроза может **поляризовать** нас, как мы уже видели. *Sometimes this threat can polarize us, like we have already seen.*

Гипнотозировать	To hypnotize.	Так что да, очевидно, собаки могут **гипнотизировать** людей. *So, yeah, obviously, the dogs can hypnotize people.*
Паниковать	To panic.	Обычно я начинаю **паниковать**, быстро и тяжело дышать. *Usually I start to panic, breathe quickly and difficultly.*
Рекламировать	To advertise.	Интернет представляет им также возможность **рекламировать** свои услуги. *The internet presents them also the chance to advertise their services.*
Курировать	To oversee or supervise.	Я помогала ему **курировать** его выставку. *I helped him to supervise his exhibition.*
Конкурировать	To compete (companies, countries)	Вы будете **конкурировать** с другими

покупателями.

You will be competing with other buyers.

Симпатизировать(ся)	To sympathize with. (+ dat.).	Ты можешь **симпатизировать** ему, а я - нет. *You can sympathize with him, and I cannot.*
Позиционировать	To position.	Сейчас наше средство по массовой информации **позиционирует** нашего губернатора в плохом свете. *Now our information media is positioning our governor in a bad light.*
Спонсировать	To sponsor.	Этот продюсер будет **спонсировать** меня, я не нуждаюсь в Майкле. *This produce will be sponsoring me, and I will not be in need of Michael.*
Следовать/Последовать	To follow (rules, people, principles). (+ dat.)	**Следовать** за космическими поездками в реальном времени. *To follow after the cosmic explorations in*

real time.

Преследовать	To stalk, pursue, persecute.	Он встает и начинает **преследовать** ее. *He got up and started to pursue her.*
Разочаровывать\Разочаровать	To be disappointed in.	Потому что не хотела **разочаровыв ать** тебя. *Because I did not want to disappoint you.*
Аккомпанировать	To accompany (on an instrument). (+dat.)	Она будет **аккомпаниро вать** мне на пианино. *She will accompany me on the piano.*
Парковать	To park (car).	После шести можно **припарковат ься** здесь хоть кому-нибудь. *After six anyone can park here.*
Автоматизировать	To automatize.	Давайте не

будем поддаваться соблазну **автоматизировать** военные действия.

Let's not give in to the temptation to automatize military actions.

Государствам следует **администрировать** налоги прозрачно и эффективно.

Governments should administrate taxes transparently and effectively.

Администрировать	To administrate.	

Секретариат рекомендует Комитету **аккредитовать** перечисленные организации.

The secretariat recommends the committee to accredit listed organizations.

Аккредитовать	To accredit.	

Акцентировать	To accent	Я не могу

(attention, focus). (На + prepositional).		достаточно **акцентировать** на этом, это вопрос общественной безопасности. *I cannot adequately accent this, on this question of societal safety.*
Ассимилировать	To assimilate.	Он пытается **ассимилировать** все мои знания. *He is attempting to assimilate all of my information.*
Баррикадировать	To barricade.	Иди в зал Совета и начинай **баррикадировать** двери. *Go to the advice hall and start to barricade the doors.*
Бастовать	To strike (worker's strike).	Вот газетчики закончат **бастовать**, дадим объявление. *Here the newspaper boys will stop striking, we are giving an announcement.*

Блокировать\Заблокировать	To block (telephone number, account).	Они пытаются **блокировать** наши торговые маршруты на запад. *They are trying to block our trade routes in the west.*
Бодрствовать	To be awake.	Ему даже нельзя **бодрствовать** в такое время! *Even he cannot be awake at that time!*
Богохульствовать	To blaspheme. To say blasphemous things.	Она умоляла тебя не **богохульствовать**. *She plead with you to not blaspheme.*
Боксировать	To box or spar.	Он был причиной, почему я продолжил **боксировать**. *He was the reason why I continued to box.*

Бронировать\Заброировать	To reserve (room), to make reservations.	Эти номера надо **бронировать** через организаторов. *These hotel rooms need to be reserved through an organizer.*
Буксировать	To tow (car).	Мне пришлось **буксировать** нас домой. *I had to tow us home.*
Вербовать\Завербовать (ся)	To recruit. To be recruited.	В Сомали все стороны конфликта продолжали **вербовать** детей в вооруженные силы. *In Somalia, all sides of the conflict continued to recruit children into the armed forces.*
Дебютировать	To debut (film, book), to start out.	Я не хочу **дебютировать** в компании, которая так делает. *I do not want to debut in a company which acts like this.*
		Важно когда **дебатируешь** пользоваться

| Дебатировать | To debate. | лексикой по острым вопросам.

It is important when you debate to make use of a lexicon for sharp questions. |

| Действовать\По | To act (medicine) or to act (to do). | **Действовать** как взрослые — это не прятаться.

To act like an adult— you don't need to shy away from it. |

| Регулировать | To regulate. | Если государство не может предсказать, не сможет и **регулировать**.

If the government cannot predict, then it cannot regulate. |

| Дезертировать | To desert. | Я не хочу **дезертировать**, Я хочу уйти.

I do not want to desert; I want to leave. |

| Дезинфинцировать | To disinfect. | Нужно **дезинфицировать** все места, где вы были.

It is needed to disinfect all the places where you were. |

Дезориенировать	To disorient.	Устройство, над которым мы работаем, могло бы **дезориентировать** его или даже разрушить его сеть связи. *The device, that we are working on, could disorient him or even destroy his site connection.*
Декларировать\Продекларировать	To declare.	Если я не провожу их через таможню, я не должен их **декларировать**. *If I do not lead them through customs, I should not declare them.*
Деморализовать	To demoralize.	Он держал это в секрете от других членов, чтобы не **деморализовать** их. *He kept this in secret from other members, in order to not demoralize them.*
Децентрализовать	To decentralize.	В настоящий момент планируется **децентрализовать** рассмотрение просьб. *In this moment it is being planned to*

decentralize the analysis of the requests.

Дисквалифицировать

To disqualify.

Это не может **дисквалифиров ать** нашего свидетеля.

This may not disqualify our witness.

Заимствовать\ По

To borrow (loan, money).

Возможно, придется **заимствовать** дополнительные суммы.

It is possible that we will have to borrow extra amounts.

(За)любоваться (instr)

To admire.

Он всю ночь сможет **любоваться** озером.

He can admire the lake all night.

Целовать

To kiss.

Я недостойна **целовать** падошфы твоих ботинок.

I am unworthy to kiss the leather of your boots.

To inform.

Информировать

Информировать наших клиентов и направлять

их во всех вопросах.

To inform our clients and guide them in all questions.

Постараюсь не **иронизировать** по этому поводу.

I will try to not be ironic about this.

Иронизировать — To be ironic about. (instr.)

Мне нужно разобрать ее и **исследовать** изнутри.

Исследовать — To research.

I need to get involved in her and do research from the inside.

Также необходимо принять меры для того, чтобы повторно **капитализировать** и повторно урегулировать финансовую систему.

Капитализировать — To capitalize.

It is also necessary to accept measures in order to repeatedly capitalize I repeatedly regulate the financial system.

Ковать — To forge, or hammer (metals).

Ты поедешь в Москву, станешь советским человеком и будешь **ковать** будущее.

You will drive to Moscow,

and become an advisory person and will forge a future.

Кодировать/ Закодировать	To code.	Можно **кодировать** несколько элементов данных в один штрихкод. *You can code a few elements of data into one barcode.*
Коллуективизировать	To collectivize.	Анархо-коллективисты стремились **коллективизировать** средства производства. *Anarcho-collectivists strove to collectivize the means of production.*
Конспектировать/ Про	To take notes.	Я не могу читать и **конспектировать** 5 часов кряду. *I cannot read and take notes 5 hours in a row.*
Конструировать	To construct or design.	Я стал **конструировать** голову робота.

I started to design the head of work.

Кредитовать	To lend to.	Банки нередко не желают **кредитовать** инвесторов из-за существующих рисков.

Banks usually do not desire to lend to investors because of existing risks.

Кремировать	To cremate.	Так что моей маме пришлось его **кремировать**.

My mother had to cremate him.

Культивировать	To cultivate.	Мы начали **культивировать** эти микробы в нашей лаборатории.

We started to cultivate these microbes in our laboratory.

Лжесвидетельствовать	To commit perjury.	Я не мог **лжесвидетельствовать**. *I could not commit perjury.*
Локализировать	To localize.	Сигнал трудно **локализировать**, но возможно, эта эмиссия какого-то конвертера мощности. *It is difficult to localize the signal, but possibly, this emission is of some power converter.*
Мариновать	To marinate.	Для пири-пири надо **мариновать** курицу целиком, *For piri-piri , you need to marinate the entire chicken.*
Маршировать	To march.	**Маршировать**, спать, сражаться, убивать. *March, sleep, fight, and kill.*
Маскировать	To mask or disguise.	

Но я не буду **маскировать** свой природный запах.

But I will not be masking my nature smell.

Мебелировать

To furnish.

Некоторые номера **мебелированы** в венецианском стиле.

A few of our rooms are furnished in the Venetian style.

Инициировать

To initiate.

Инициировать доходный проект на основе плана по профессиональной реабилитации.

To initiate the lucrative project on the foundation of the plan for professional rehabilitation.

Абстрагироваться

To abstract to detach oneself.

Мы не пытаемся **абстрагироваться** от проблем или выиграть словесную войну.

We are not trying to abstract from the problems our win a Slovenia war.

Радовать

To delight or make happy.

Я должен тебя не **радовать**, а защищать.

I should not make you happy, but protect.

Модулировать

To modulate.

Сперва нам необходимо **модулировать** дестабилизаторы поля.

Firstly, it is paramount to modulate the destabilizers of the field.

Очаровывать/Очаровать

To charm or enamor.

Полагаю, мне придется их **очаровать.**

I suppose that I will have to charm them.

Пародировать

To parody or impersonate.

Мне кто-то говорил, что было незаконно

пародировать
реального человека.

*Someone told me that it
was illegal to impersonate
a real person.*

Предшествовать	To precede or predate. (+dat).	В этом смысле искусство может реальности **предшествовать**. *In this sense, art can precede reality.*
Перефразировать	To rephrase or reword.	Ваша честь, я бы хотел **перефразировать** вопрос. *Your honor, I would like to rephrase the question.*
Пикировать	To dive (in a plane or submarine).	Он может **пикировать** со скоростью 320 км\час. *He can dive at the speed of 320 km per hour.*
Премировать	To reward or award a prize to.	Да, но не стоит **премировать** его. *Yes, but it is not worth*

rewarding him.

Регрессировать	To regress.	Я боюсь, что он начинает **регрессировать**. *I am afraid that he will start to regress.*
Дисциплинировать	To discipline.	И они не могут даже **дисциплинировать** тебя! *And they cannot even discipline you!*
Резонировать	To resonate. (В + prepositional).	И я не думала об этом слове так долго, и оно как будто стало **резонировать** во мне. *And I did not think about this work so long, and it as it started to resonate in me.*
Реформировать	To reform.	Правительство продолжает пересматривать и **реформировать** национальное законодательство.
Фукционировать	To function or operate.	*The government continues to look into and reform the national legislation.*

Бюджетный процесс также продолжал **функционировать** неудовлетворительно.

The budget process also continued to function unsatisfactorily.

Саботировать

To sabotage.

Он под впечатлением, ты пытался **саботировать** меня.

He is under the impression that you tried to sabotage me.

Символизировать

To symbolize.

Исторически, пентаграммы использовались, чтобы **символизировать** разные вещи.

Historically, pentagrams were used in order to symbolize different things.

Если ты хочешь, чтобы он перестал, иногда самое простое - просто **симулировать** смех.

Симулировать

To fake or simulate.

If you want him to stop, sometimes it is the easiest to simply fake a laugh.

Соответствовать	To correspond to, to be in accordance with. (+dat).	Ты можешь добавлять правила, но все предполагаемое должно точно **соответствовать** требованиям. *You can add the rules, but all suppositions should exactly be in accordance with the demands.*
Татуировать	To tattoo.	Ладно, сейчас самое главное - **татуированная** девчонка. *Okay, now it is most important—the tattooed girl.*
(Ис)толковывать/ истолковать	To interpret.	Они могут неправильно **истолковать** маленькие вещи. *They can incorrectly interpret small things.*
Транслировать	To air or broadcast.	

Если бы такие сообщения нельзя было **транслировать** в прямом эфире на всемирную аудиторию, эти события затерялись бы в потоке новостей.

If it was forbidden to broadcast in real time on a worldwide auditory, these happenings would be lost in the flood of news.

Кординировать	To coordinate.	Следует лучше **координировать** работу над показателями.

It is needed to better coordinate work on the indicators.

Транскрибировать	To transcribe.	Центр запустил проект по **транскрибированию** и аннотированию ранее секретных записей.

The center sent out a project earlier for transcribing and annotating secret printings.

Жестикулировать	To gesture	Давайте все прекратим **жестикулировать**.

(using hands).

Let's stop gesturing everything.

Совершенствовать(ся)/ Усовершенствовать(ся)	To perfect, to develop.	Для этого мы должны **совершенствовать** общий рынок, общие стандарты.

For this, we should develop the public market, the public standards.

Утилизировать	To recycle.	Пластмассы труднее **утилизировать**, однако их использование в автомобилестроении позволяет снизить все транспортных средств.

Plastic is harder to recycle , however their use in automobile production allows for the lowering of all transporting means.

Фасовать\Разфасовать	To prepack. To pack.	Теперь это будет **фасоваться** в балк-контейнеры по 20 тонн.

Now this will be packed into containers up to 20 tons.

Фетишизировать	To fetishize.	Не осталось ничего, кроме **фетишизированного** объекта, который является центром мужской фантазии. *Nothing is left behind, except fetishized objects, which are the center of the male fantasy.*
Фиксировать\Зафиксировать	To fix or secure to something. To save to a telephone.	Тебе можно **зафиксировать** мой номер после звонка. *You can save my number after the call.*
Формировать	To form, shape, configure.	Ты хочешь **формировать** закон, не нарушать его. *You want to form the law, not break it.*
Фотографировать\сфотографировать	To photograph.	Я стала высматривать их в городе и пытаться **фотографировать**. *I started to look at them in the city and tried to photograph them.*

Цементировать	To cement or harden.	Политически, это воплощает солидарность и таким образом помогает **цементировать** союз. *Politically, this embodies solidarity and in this way helps cement the union.*
Чуствовать/Почуствовать	To feel (one's health) (verb + **себя**); To feel (in general).	Когда встаю рано утром уже **чествую** себя хорошо. *When I get up early in the morning I already feel good.*
Шлифовать\От	To polish.	Правда, когда пол высохнет, его надо будет **шлифовать**. *True, when the floor dries out, it is needed to polish it.*
Эвакуировать	To evacuate.	**Эвакуировать** людей к западной стороне слишком рискованно. *To evacuate people to the west side is too*

risky.

Экстрополировать	To extrapolate.	Вы можете **экстраполировать** рост и вес нападавшего? *You can extrapolate height and weight of the attacker?*
Эмансирировать	To emancipate.	Миграция может расширять возможности и **эмансипировать** женщин и давать им финансовую независимость. *Migration can expand opportunities and emancipate women and give them financial independence.*
Дискримонировать	To discriminate.	Потому что в соответствии с законом, вы не можете **дискриминироватЬ.** *Because in accordance with the law, you cannot discriminate.*

Тасовать	To shuffle (cards).	Он их как карты может **тасовать**. *He shuffle them like cards.*
Расшифровать	To decipher, to decode, to crack (a code).	Мы постоянно пытаемся **расшифровать** наш мир. *We constantly attempt to decipher our world.*
Разгруппировать	To degroup, to disaggregate.	Также рекомендуется иметь по этому вопросу **разгруппированную** статистику. *Also it is recommended to have according to this question degrouped statistics.*
Сгруппировать	To group, to cluster.	Вопросы, о которых идет речь, можно **сгруппировать** по двум категориям. *Questions about what the conversation is about can be grouped according to two categories.*

Запротаколировать	To protocol or to note.	Сотрудники судебной полиции обязаны **запротоколировать** свои действия. *Companions of the jury police are bound to protocol their actions.*
Лидировать	To lead. To be ahead of the rest. To be at the forefront of.	Страна Жемаика **лидировала** в спорте лекой атлетикой за последние 20 лет. *The country of Jamaica leads in the sport of track and field for the past 20 years.*
Прогнозировать	To predict; to forecast; to foresee.	Это очень сложно **прогнозировать** будущей мирового рынка. *It is very difficult to predict the future of the world market.*
Штудировать	To study; to hit the books.	Я пошла в библиотеку и начала **штудировать** книги. *I went to the library and started to study the books.*
Интересовать(ся)/	To interest or to	Но вас она не

заинтересовать(ся)	be interested.	должна **интересовать**.
		But she should not interest you.
Обосновывать/обосновать	To justify. To found. To substantiate.	Поэтому Секретариату следует **обосновать** просьбу о таком большом числе должностей.
		Therefore, the secretary should justify the request about this large amount of positions.
Синхронизировать	To synchronize.	**Синхронизировать** и регулировать процесс перехода, с тем чтобы придать ему инклюзивный характер.
		To synchronize and regulate the process of the transition, with the aim to attach to him inclusive character.
Противодействовать	To stand against; to resist.	Моё правительство будет активно **противодействовать** любым планам по смене режима в Дамаске.
		My government will actively stand against any plans according to the trade of regimes in

Damascus.

прелюбодействовать	To commit adultery.	Говоришь не **прелюбодействоват ь** - и прелюбодействуешь. *You say not to commit adultery and then commit adultery.*
Образовывать/ образовать	To form.	Объединение атомов и молекул, чтобы **образовать** структуру? *The union of atoms and molecules in order to form structure.*
Конкретизировать	To make something exact; to concretely say.	Государство может также **конкретизировать** место или способ. *The government can also specify/or exactly name the place and method.*
Приоритизировать	To prioritize. To make a priority.	И не нам **приоритизировать** разные проблемы - все они имеют одинаковую значимость.

And it is not to us to prioritize different problems—they all have identical significance.

Максимизировать — To maximize.

Я разработала систему чтобы **максимизировать** эффективность процесса переезда.

I worked on a system in order to maximize the effectiveness of the process of relocation.

Организовывать/Организовать — To organize.

Организовать несколько фоток ее наряд прежде, чем он идет для криминалистики.

To organize a few photos of her outfit before it goes to forensics.

Зимовать — To hibernate.

Обитатели должны мигрировать, **зимовать**, или столкнуться с месяцами голодания.

Inhabitants should migrate, hibernate, or deal with months of hunger.

Персонализировать — To personalize.

Персонализировать свой собственный стиль с предпочтительным цветом.

To personalize one's own style with a preferred color.

Ей надо от них избавиться и **паковать** чемодан.

| Паковать | To pack things for a trip. | |

She needs to become rid of them and pack a suitcase.

Оно должно **ознаменовать** важный шаг в истории человечества.

| Ознаменовать | To mark or herald. | |

It should herald an important step in the history of mankind.

Finance

Наша семья больше не может **шиковать**.

| Шиковать | To spend frivolously. | |

Our family can no longer spend money frivolously.

Финансировать милую долговременную фотосессию в Южной Америке.

| Финансировать | To finance. | |

To finance the cut long term photo

session in South America.

Спонсировать	To sponsor.	И мы хотели участвовать, **спонсировать** машину. *And we want to take part, to sponsor the car.*
Компенсировать	To compensate.	Эти шаги позволили им полностью **компенсировать** затраты на содержание. *These steps allow them to completely compensate the expenditures on the content.*
Штрафовать	To fine (money).	Они не должны увольнять, **штрафовать** или дискриминировать работников за это. *They should not fire, fine, or discriminate workers for this.*
Инициировать	To initiate.	Правительство также намеревается **инициировать** программу экономического

восстановления.

The government also doubts initiating a program of economic restoration.

Инвестировать	To invest (into something). (В + acc.).	**Инвестировать** деньги в США или Европу. *To invest money into the United States or Europe.*
Расходовать	To spend (money or resources).	Нет никакого смысла сначала **расходовать** деньги, а затем получать их. *There is no point, in the beginning, to spend money and then receive it.*
Торговать	To trade or be in the business of selling. (+instr.)	А что мне ещё делать четвёртого июля? **Торговать** флагами? *And what can I still do on the fourth of July? Trade/Sell flags?*
Буксовать	To slip or skid.	Американская экономика начнет **буксовать**. *The American economy will start to slip.*

Arts

Гармонизировать	To harmonize (with someone or related to music). (С + instr.)	И уважительно **гармонизировать** свою жизнь с ними ради поощрения устойчивого развития. *And respectfully harmonize your life with them for the sake of the support of robust development.*
Романтизировать	To romanticize.	Я думаю, мне лучше не **романтизировать** отношения. *I think that it is better for me to no romanticize relationships.*
Транспонировать	To transpose (music mostly).	Вместе с тем недостаточно **транспонировать** нормы. *Together with that, to insufficiently transpose norms.*
Аранжировать	To arrange (music).	Он присоединился к оркестру в средней школе и научился читать, писать, **аранжировать** и сочинять музыку.

He joined the orchestra in middle school and learned to read, write, and arrange and compose music.

Режиссировать	To direct (film, theater).	Прошу, не учи меня **режиссировать**. *I ask not to teach me to direct.*
Танцевать	To dance.	**Танцевать** тут с тобой в лунном свете. *To dance here with you in the moonlight.*
Монтировать	To edit, clip. (film, videos)	Мне пришлось **монтировать** всё, что мы вчера наснимали. *I had to edit everything that we filmed yesterday.*
Рисовать/Нарисовать	To draw or sketch.	Когда вырасту, я хочу **рисовать** комиксы. *When I grow up, I want to draw comics.*
Дирижировать	To direct (music). (+instr.)	Но сегодня, я больше не буду **дирижировать** музыкой. *But today, I will no*

longer direct music.

Экранизировать	To cinematize; to turn into a movie.	Роман "1984" был не давно **экранизирован**. *The novel "1984" was not long ago cinematized.*

Medical

Анатомировать	To dissect.	А вот в прошлом году я **анатомировал** корову. *And last year I dissected a cow.*
Менструировать	To menstruate.	Пациентка была описана как «полностью функциональная» после операции и, начиная с 1934 года, спонтанно **менструировала**. *The patient was described as "completely functional" after the operation, and starting from the year 1934, spontaneously menstruated.*
Вакцинировать	To vaccinate.	Всех **вакцинировать** просто бы не

получилось.

*To vaccinate everyone
would simply not work
out.*

Я могу пойти с тобой,
чтобы массировать
плечи между турами,
бинтовать костяшки.

Бинтовать	To bandage or wrap.

*I can go with you in order
to rub your shoulders
between round, to
bandage knuckles.*

Избиения были
настолько жестокими,
что детям пришлось
госпитализировать.

Госпитализировать	To hospitalize.

*The beatings were so
cruel that the children
had to be hospitalized.*

Она давала
массировать свою
спину каждому.

Массировать	To massage or rub.

*She allowed the massage
to everyone's back.*

Industry/Technology

Он достаточно
холодный, чтобы
кристаллизировать
металл у большинства

Кристаллизировать	To crystalize.

обычных замков.

He is sufficiently cold in order to crystalize the metal at the majority of normal locks.

Документ о регистрации авторского права также дает возможность **коммерциализировать** интеллектуальную собственность.

Коммерциализировать — To commercialize.

The document about registration of the author's rights also gives the opportunity to commercialize intellectual property.

Опоры можно **ламинировать** другими покрытиями.

Ламминировать — To laminate an object or to laminate an object with something. (+instr.)

The pillars can be laminated with other coverings.

Но таких роботов несколько трудно **программировать**.

Программировать — To program.

But it is difficult to program these couple of robots.

Political/Military

Источник энергии может **детонировать**.

Детонировать	To detonate.	*The source of energy can detonate.*
Бомбардировать	To bomb.	Машины, способные **бомбардировать** Президента негативной энергией. *Cars abled to bomb the president with negative energy.*
Американизировать	To Americanize.	Следует прекратить попытки ассимилировать и **американизировать** народ. *It is needed to cease attempts to assimilate and Americanize the people.*
Патролировать	To patrol	Этот робот может сам **патрулировать** пустое здание. *This robot can patrol an empty building.*
Конфисковать	To confiscate.	**Конфисковать** её лэптоп и телефон, и потом допросить. *To confiscate her laptop and telephone and later interrogate.*
Импортировать	To import files or goods.	**Импортировать** этот контакт в адресную

книгу?

To import this contact into an address book?

Экспортировать	To export files or goods.	Для осуществления процедуры экспорта нажмите кнопку **Экспортировать**. *For the implementation of procedures of exports press the button export.*
Тренировать(ся)	To train the body or individuals.	Чтобы бегать 90 минут нужно **тренировать** сердце... а потом мышцы. *In order to run 90 minutes it is needed to train the heart...and then the muscles.*
Демократизировать	To democratize.	В то же время он пытался **демократизировать** политическую жизнь страны. *In that time he attempted to democratize the political life of the country.*
Интегрировать(ся)	To integrate.	**Интегрировать** стоимость экосистемных услуг в механизм принятия политических решений.

To integrate the amount of ecosystem services into the mechanism of the acceptance of political decisions.

Милитаризировать		Торумекия — это большая **милитаризированная** страна далеко на западе.
	To militarize.	*Tramecia- it is a big, militarized country far from the west.*
		Как, по-твоему, я мог их вынести, если меня **фланкировали** со всех сторон?
Фланкировать	To flank.	*As, according to you, I could carry them out, if they flanked me from all sides?*
Воевать	To war.	Я хочу просто **воевать** как обычный солдат.
		I want to simply fight/war like a normal soldier.

Sports/Athletics

Стартовать	To start (a race).	
		Ты должен **стартовать** около полуночи.

You should start around midnight.

Финишировать	To finish (a race).	Хорошо, только я должен **финишировать** в середине. *Good, only I should finish in the middle.*
Фехтовать	To fence (with sword or rapier).	Но ты не будешь **фехтовать** с нами. *But you will not fence with us.*
Страховать	To spot or monitor a weightlifting exercise.	Если мы не можем **страховать** друг друга там, то как мы сможем доверять друг другу здесь? *If we cannot spot each other there, then how can we trust each other here?*
Травмаировать(ся)	To traumatize; to hurt; to injure.	Я не хочу **травмировать** людей, Дженна. *I do not want to hurt people, Jenna.*

Реабилитировать(ся)

To rehabilitate.

Ты должен или отстоять свою репутацию, или **реабилитировать** ее.

You should either defend your reputation or rehabilitate it.